Comment venir à bout de son anxiété?

par Barbara Radomme

COMMENT VENIR À BOUT
DE SON ANXIÉTÉ ?

- **Problématique ?** Pour certaines personnes, le monde qui les entoure est une source d'angoisse et d'anxiété. Pour d'autres, ce sentiment apparaît dans des situations bien déterminées. Sueurs froides, atonie, palpitations, les symptômes ressentis sont aussi paralysants qu'effrayants. Pourquoi se manifestent-ils ? Et comment faire pour ne plus être l'esclave de sa peur ?
- **Objectif ?** Comprendre ce qu'est l'anxiété et parvenir à la maîtriser.
- **FAQ ?**
    - Je suis constamment inquiet et stressé au quotidien. Tout m'angoisse et, parfois, cela me paralyse. Est-ce normal ?
    - Si je suis d'un naturel anxieux, puis-je vraiment y faire quelque chose, alors que c'est dans mon tempérament ?
    - Lorsque je suis pris d'une soudaine crise d'angoisse, que puis-je faire pour me calmer ?
    - Mon conjoint est quelqu'un d'anxieux, que puis-je faire pour l'aider ?

La gorge se noue, le souffle manque, le cœur s'emballe, la sueur perle sur la peau et soudain une angoisse sourde et paralysante émane du plus profond de nos entrailles et se répand dans notre corps. Aussitôt l'on perd pied et l'on a la sensation de ne plus être maître de son corps.

L'anxiété, nous la connaissons tous et l'avons déjà tous éprouvée un jour ou l'autre : elle apparaît à l'occasion d'une présentation à réaliser, d'une rencontre à venir, d'un coup de téléphone attendu, voire lors d'événements aussi naturels et anodins que la tombée de la nuit ou que le vide silencieux d'un dimanche après-midi. Pas de quoi s'inquiéter donc, pour autant que ces épisodes anxieux restent intermittents et supportables. Par contre, lorsque ce sentiment anxieux devient permanent, intense et gênant au quotidien, c'est qu'il est temps d'agir ! Ne laissez pas l'anxiété enrayer votre épanouissement. Des solutions et des outils existent pour mettre un frein à la ferveur colonisatrice de Dame Anxiété, et ils sont loin d'être compliqués à mettre en place. Seul ou accompagné, chez vous ou au sein d'un groupe, une multitude d'astuces sont à votre disposition.

En 50 minutes, découvrez l'origine de ce mal qui vous ronge, les symptômes qui doivent vous alerter et nos conseils et astuces pour enfin ne plus laisser l'anxiété dicter votre vie. Ne renoncez pas, car à tout problème, il existe une solution.

QU'EST-CE QUE L'ANXIÉTÉ ?

STRESS, ANGOISSE OU ANXIÉTÉ ?

Alors que ces termes nous paraissent, à première vue, assez semblables et qu'ils sont régulièrement utilisés comme des synonymes, ils présentent pourtant des caractéristiques et des réalités différentes. Si le stress et l'angoisse revêtent le plus souvent un caractère passager, l'anxiété, elle, se révèle plus insidieuse et son spectre plane de façon plus continue sur les gens qui en souffrent.

Le stress

Le stress est un phénomène courant et tout à fait naturel, qui vient en réponse à un événement. Il s'agit d'une réaction physiologique de notre organisme qui nous permet de répondre à une situation de défi ou de menace. Cependant, dans les sociétés modernes en constante activité où le surmenage est fréquent, le stress s'empare de plus en plus souvent de nous, au risque de devenir néfaste. En effet, alors qu'un stress occasionnel et contextuel est tout à fait salvateur et peut même s'avérer bénéfique, un stress régulier et persistant a, quant à lui, des effets destructeurs sur notre santé psychique et physique.

L'angoisse

L'angoisse, elle, se caractérise par son intensité et également par un certain rapport au réel. Elle émerge de cette sensation profonde d'être confronté à une menace vague, indéterminée, mais ancrée dans le réel. Face à une situation spécifique, nous pouvons ressentir de l'angoisse. Elle est donc ponctuelle et contextuelle. Enfin, l'angoisse est certes une sensation psychique mais elle se traduit surtout par des symptômes physiques : spasmes, accélération cardiaque, etc.

L'anxiété

L'anxiété est définie par *Le Robert* comme un « état de trouble psychique causé par le sentiment de l'imminence d'un événement fâcheux ou dangereux, s'accompagnant souvent de phénomènes physiques ». En d'autres mots, l'anxiété est un état émotionnel d'agitation nerveuse, qui peut se traduire sous diverses formes et selon une intensité variable. Contrairement à l'angoisse, qui se manifeste soudainement et qui entraîne une incapacité physique et psychique momentanée, l'anxiété est tout à fait compatible avec la vie quotidienne, puisqu'il s'agit d'un état d'inquiétude plus diffus, mais aussi plus constant. Si le sentiment éprouvé n'est pas agréable, l'anxiété ne pose pas de soucis de santé particuliers, du moins tant qu'elle reste modérée. Toutefois, si rien n'est fait pour contrôler la situation et pour maîtriser ces émotions négatives de pessimisme et d'inquiétude constantes, elle peut évoluer vers une forme pathologique, à savoir l'anxiété généralisée.

TEST : ÊTES-VOUS SUJET À L'ANXIÉTÉ ?

	Tous les jours	Souvent	Peu souvent	Jamais
Au cours des deux dernières semaines, avez-vous ressenti des difficultés à vous endormir ou à rester endormi ?				
Ressentez-vous des difficultés à vous concentrer ?				
Vous sentez-vous tendu, nerveux ou inquiet ?				
Vous faites-vous du souci à propos du passé et de l'avenir ?				
Si des amis sont en retard à votre rendez-vous, pensez-vous que quelque chose leur est arrivé et essayez-vous de les joindre sur leur téléphone portable toutes les cinq minutes ?				
Avez-vous des sensations nerveuses telles qu'une boule dans la gorge, des difficultés à respirer, le coeur qui s'accélère et/ou l'estomac noué ?				
Avez-vous du mal à ne pas être constamment en mouvement, à ne rien faire et à vous détendre ?				
Avez-vous tendance à réagir de façon exagérée et impulsive aux événements qui se présentent à vous ?				

Vous avez obtenu une majorité de « Tous les jours » : vous êtes très souvent stressé et anxieux, et il semblerait que cela prenne le pas sur votre équilibre de vie. Veillez à ne pas vous laisser envahir trop souvent par cette sensation. N'hésitez pas à suivre les conseils prodigués dans ce livret ainsi qu'à demander de l'aide à un professionnel de la santé.

Vous avez obtenu une majorité de « Souvent » : vous avez une tendance à l'anxiété, certes, mais elle ne vous handicape pas au quotidien. Toutefois, n'hésitez pas à explorer la question, car rien ne vous empêche d'améliorer votre qualité de vie.

LES TROUBLES ANXIEUX

Les troubles anxieux regroupent une série de troubles psychologiques caractérisés par une anxiété profonde, intense et constante qui handicape au quotidien la personne qui en souffre. Si la classification peut varier légèrement d'un pays à l'autre, le DSM-IV (*Manuel diagnostique et statistique des troubles mentaux*) en distingue six formes particulières : le trouble anxieux généralisé, le trouble panique avec ou sans agoraphobie, le trouble d'anxiété sociale, la phobie spécifique, le trouble obsessionnel compulsif et l'état de stress post-traumatique.

Le point commun entre tous ces maux est que la zone préfrontale du cerveau s'en trouve affectée. Il s'agit de la zone la plus évoluée du cerveau, celle qui conçoit les pensées les plus abstraites, telles que les prévisions concernant le futur, la prise de décision, la résolution des problèmes et les stratégies à mettre en place. En outre, cette zone est en lien direct avec la zone limbique, qui elle est responsable des émotions. Ainsi, les troubles anxieux perturbent à la fois les pensées abstraites et les émotions. C'est donc l'ensemble de notre santé que l'anxiété met à mal.

Les quatre territoires du cerveau

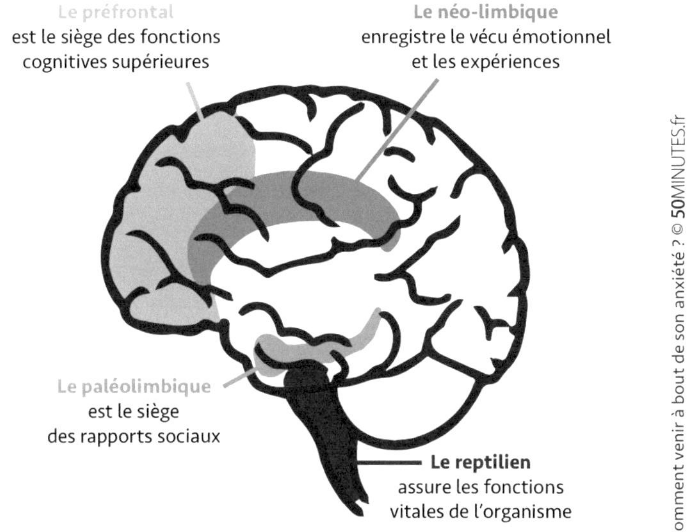

Le trouble anxieux généralisé (TAG)

Les spécialistes font une nette distinction entre une anxiété mesurée et ponctuelle et une anxiété intense et chronique. Pour poser un diagnostic d'anxiété pathologique, la personne doit présenter au moins trois des six symptômes suivants depuis au moins six mois :

- des troubles du sommeil ;
- de la fatigue ;
- de l'irritabilité ;
- des difficultés à se concentrer ;
- de l'agitation ;
- des douleurs musculaires.

Le TAG se caractérise par une anxiété générale difficile à contrôler et par une inquiétude constante et exagérée face aux événements de la vie quotidienne, et ce, sans raison apparente. Dans les pays occidentaux, on estime qu'entre 5 et 8 % de la population est affectée par ce mal qui toucherait deux fois plus les femmes que les hommes (BESANÇON (Guy), *Manuel de psychopathologie – Anxiété, dépression et psychopathologie du corps*, Paris, Dunod, 1993, p. 41).

Le trouble panique avec ou sans agoraphobie

Le trouble panique est caractérisé par la récurrence de crises de panique imprévisibles lors de situations qui ne présentent pourtant aucun danger réel, et par la peur constante que celles-ci se reproduisent. Lors d'une crise, la personne ressent un sentiment intense d'anxiété, limité dans le temps, et présente des symptômes physiques typiques de situations de catastrophe (palpitations, tremblements, sensation d'étouffement, d'évanouissement, peur de devenir fou, etc.). Si ce trouble s'accompagne d'agoraphobie, l'individu sera anxieux à l'idée de se rendre dans des lieux desquels il pourrait être compliqué de s'échapper, et donc où l'aide serait difficile à arriver si une attaque de panique survenait.

Selon le DSM-IV, plusieurs caractéristiques doivent être combinées pour que l'on puisse poser un diagnostic de trouble panique :

- l'individu doit avoir vécu des crises de panique imprévues et récurrentes (plusieurs au cours d'un même mois) ;
- celles-ci doivent s'accompagner d'une peur constante de revivre d'autres crises ;
- elles doivent également être combinées à une inquiétude à l'égard de possibles répercussions et conséquences ;
- elles doivent faire naître un profond changement comportemental qui vise en quelque sorte à se prémunir contre de possibles nouvelles attaques.

Il est important de préciser que ces crises de panique ne sont pas la conséquence d'une consommation excessive de substances alcoolisées ou d'opiacés, et qu'elles ne relèvent pas d'un autre trouble mental ou d'une affection physique.

Le trouble d'anxiété sociale

Aussi connue sous l'appellation « phobie sociale », cette pathologie se décrit comme une anxiété excessive qui survient dans un contexte de rapports sociaux ou face à des situations durant lesquelles l'individu pourrait présenter des symptômes d'anxiété. La crise de panique éprouvée est durable et persiste jusqu'à ce que la situation anxiogène soit écartée, ce qui amène le sujet à adopter un comportement d'évitement et à rompre tout contact social.

Le *Manuel diagnostique et statistique des troubles mentaux* précise très clairement les spécificités du phobique social, chez qui on note :

*   une appréhension marquée et persistante envers une ou plusieurs situations dans lesquelles il pourrait se trouver exposé à des inconnus ou à des personnes qui pourraient le juger. Il redoute de manifester un comportement ou des symptômes de nervosité qui seront humiliants ou gênants pour eux ;
*   une forte anxiété, voire un sentiment de panique systématique, générée par le simple fait de se retrouver en présence d'autres personnes en certaines circonstances ;
*   la conscience que leur peur est excessive et irraisonnée ;
*   une grande anxiété ou un profond désarroi lorsqu'il évite ou fait face aux situations de stress ou de mise en avant redoutées ;
*   une profonde souffrance et un quotidien fortement perturbé par les comportements mis en place pour éviter les situations anxiogènes et par les symptômes ressentis.

La phobie spécifique

La phobie spécifique consiste en une peur irraisonnée, excessive et constante d'une situation ou d'un objet précis. L'anxiété ressentie se traduira par une crise de panique et/ou un comportement d'évitement. Dans ce cas précis, il est indispensable de bien distinguer la peur de la phobie. Dans le premier cas, le sujet pourra craindre une situation, mais ne l'évitera pas ; dans le second, le phobique fera tout pour écarter la menace.

Le DSM-IV distingue quatre types de phobies spécifiques :

- **le type animal** qui comprend, par exemple, la phobie des araignées, des serpents, des insectes, etc. ;
- **le type environnement naturel** dans lequel on retrouve la phobie des hauteurs, de l'eau, des orages, etc. ;
- **le type sang, injection, blessure** qui rassemble les phobies telles que l'hématophobie (phobie du sang) ou encore l'aichmophobie (la phobie des seringues) ;
- **le type situationnel** qui regroupe la phobie de l'avion, des ascenseurs, des lieux publics, etc.

Le trouble obsessionnel compulsif

Considéré comme un trouble de l'anxiété, le trouble obsessionnel compulsif, ou TOC, consiste en des obsessions et des comportements compulsifs. Le sujet est constamment envahi par des pensées désagréables qui provoquent en lui un sentiment de peur, d'anxiété, voire de dégoût. Pour mettre un terme à ce ressenti handicapant, la personne atteinte n'a d'autres choix que de mettre en place de petits rituels répétitifs appelés compulsions, qui peuvent s'avérer très chronophages.

Parmi les plus courantes, on note la phobie des microbes et de la contamination qui entraîne comme compulsion une hygiène poussée à l'extrême (plusieurs douches par jour, port d'un masque ou de gants, récurage journalier du lieu de vie, etc.), mais aussi une inquiétude obsessionnelle de la symétrie et de l'organisation qui se manifeste par un besoin compulsif de disposer chaque objet à une place bien déterminée.

Le trouble de stress post-traumatique (TSPT)

Le trouble de stress post-traumatique survient chez certaines personnes qui ont vécu ou ont été témoins d'un événement traumatisant durant lequel leur intégrité physique ou celle d'autrui a pu être mise en danger. Pour autant, il est impossible de dégager une vérité générale quant aux personnes atteintes par le TSPT. En effet, si certaines développeront une anxiété chronique provoquée par des situations, des bruits ou des lieux qui leur rappellent l'événement traumatisant, d'autres n'en souffriront jamais. Pour faire face à cette peur envahissante et paralysante, le sujet recourt à différents mécanismes de défense comme l'évitement, le déni ou encore une hyperactivité, autant d'éléments qui lui permettent d'éviter de revivre ces moments douloureux. Toutefois, ces solutions ne sont que temporaires et n'aident pas à soigner le mal profond à l'origine de ce sentiment d'impuissance et de peur panique.

LES ORIGINES DU MAL

Comme pour bon nombre de troubles pathologiques, l'origine de l'anxiété n'est pas à trouver dans une cause unique, mais plutôt dans une combinaison de facteurs qui, une fois regroupés, sont autant d'ingrédients permettant l'éclosion de l'état anxieux.

Les facteurs biologiques

Il existe dans certains cas une prédisposition génétique à ce type de troubles. Certains gènes et hormones semblent favoriser une attitude anxieuse. C'est le cas notamment de la sérotonine qui joue le rôle de neurotransmetteur du système nerveux central, et de l'activine qui est une hormone qui participe à la régulation du cycle menstruel.

Les femmes, et leurs constants changements hormonaux, peuvent d'ailleurs s'avérer plus sensibles au stress et à l'anxiété, et ce davantage encore à certaines périodes de leur cycle hormonal. Au cours de la période prémenstruelle et du cycle menstruel, par exemple, trois hormones essentielles pour l'équilibre général (la progestérone, la testostérone et l'œstrogène) peuvent varier de façon significative, et ce d'un jour à l'autre ! Entre autres symptômes, une anxiété peut donc apparaître.

Illustration supplémentaire de l'influence biologique sur l'anxiété, le cortisol. Cette hormone du stress, comme certains l'appellent, peut, lorsqu'elle est mobilisée, prendre les commandes de notre corps. Cela peut avoir pour effet de diminuer l'action de notre système immunitaire afin de favoriser sa propre action !

En d'autres mots, notre organisme et son foisonnement de gènes et d'hormones ont plus d'un tour dans leur sac en matière d'anxiété ! Cependant, malgré cette influence réelle et omniprésente du biologique, il serait bien trop facile de limiter à ce niveau-là le phénomène de l'anxiété, sans prendre en compte les contextes de vie et le développement de l'individu.

Les facteurs psycho-sociaux

Outre les facteurs inhérents à l'individu, l'environnement socioculturel et le vécu de celui-ci auront un impact tout aussi important sur le développement de l'anxiété. En effet, une prédisposition naturelle s'exprime plus facilement si elle s'inscrit dans un contexte favorable. Une série d'événements peut dès lors encourager le déploiement de l'anxiété : un milieu familial anxiogène, un rapport parents-enfants particulier, la perte de son emploi, le divorce, le surmenage, un accident, une maladie grave, etc.

DES SYMPTÔMES HANDICAPANTS

Si l'anxiété revêt de nombreux masques, les symptômes, bien qu'ils varient légèrement d'une personne à l'autre, sont relativement similaires pour la plupart des troubles anxieux. Cet état de stress exacerbé et constant se manifeste d'ailleurs aussi bien au niveau psychologique qu'au niveau physique, doublant ainsi la souffrance de la personne qui en est la proie.

Les symptômes psychologiques et comportementaux

Les troubles anxieux ont pour effet de diminuer la sécrétion de certains neurotransmetteurs du cerveau. En outre, on peut observer chez les individus anxieux un cortex cérébral hyperactif. Ainsi, l'anxiété engendre de nombreux symptômes psychologiques et comportementaux, tels que le pessimisme, l'hyperactivité, la peur de perdre le contrôle, le détachement émotionnel, le désir de fuite, etc.

Les symptômes physiques

Outre les manifestations psychologiques et comportementales, l'anxiété se caractérise par des symptômes physiques très intenses et particulièrement handicapants. Il peut s'agir de palpitations cardiaques, de sensations d'étouffement, de nausées, de mains moites ou glacées, de picotements dans les membres ou encore de vertiges et de tensions dans le corps.

Bien entendu, tous ces symptômes ne sont pas à chaque fois présents ni persistants, et leur apparition varie en fonction du type de trouble anxieux vécu.

> « J'ai été diagnostiquée agoraphobe il y a quelques années. Au début, mon trouble anxieux n'était pas vraiment handicapant, il ne se manifestait pas tout le temps et, lorsque cela arrivait, je me disais que c'était parce que j'étais fatiguée. Mais, ensuite, les épisodes d'anxiété ont peu à peu augmenté en fréquence et en intensité, et les symptômes se sont multipliés : boule dans la gorge, maux de tête violents, hyperventilation, etc. ; ces symptômes apparaissaient sans véritable raison apparente. » (Stéphanie, 30 ans)

Les conséquences sur la santé

L'anxiété et le stress ne sont des émotions agréables pour personne. Mais, lorsque l'anxiété commence à persister ou devient chronique, ce qui n'était au départ que des sensations désagréables peut engendrer de véritables problèmes de santé.

Il est en outre difficile de faire la part des choses puisque les symptômes de l'anxiété peuvent ressembler aux symptômes d'autres maladies. Vous avez mal à la tête ? Vous vous dites sûrement que vous avez attrapé froid en attendant le bus hier ou que le vin de votre dîner n'était peut-être pas du plus grand cépage qui soit. Et pourtant, il est possible que la vraie cause de votre douleur soit l'anxiété. En effet, elle peut avoir une multitude de conséquences sur votre santé, plus ou moins fortes, plus ou moins graves. Qu'il s'agisse de votre santé mentale ou physique, l'anxiété est loin d'être anodine !

Conséquences physiques :
- maux de tête ;
- maux de gorge ;
- troubles de l'estomac et de l'appareil digestif, et réactions du foie ;
- troubles respiratoires ;
- réactions de la peau ;
- douleurs musculaires ;
- troubles du sommeil ;
- bruxisme (mouvements incontrôlés de friction des dents) ;
- hypertension artérielle ;
- problèmes cardio-vasculaires ;
- système immunitaire affaibli ;
- cancer ;
- etc.

Conséquences mentales et comportementales :
- troubles de la mémoire ;
- difficultés à se concentrer ;
- sautes d'humeur ;
- dépression ;
- alcoolisme et drogues ;
- difficultés alimentaires ;
- etc.

COMMENT NE PLUS SE LAISSER SUBMERGER PAR SON ANXIÉTÉ ?

Traiter l'anxiété pourrait être très simple en soi : il suffirait d'éliminer la source du problème (travail, santé, difficulté familiale, etc.). Pourtant, la solution n'est pas si évidente, car la fuite n'est qu'un remède temporaire, un pansement que l'on apposerait sur une plaie ouverte. Disposer d'outils pratiques peut dès lors s'avérer particulièrement utile en période de crise.

Pour gérer son anxiété, de nombreuses solutions existent. Que vous décidiez de vous lancer seul ou que vous demandiez de l'aide à un professionnel de la santé, l'important est de ne pas laisser la situation s'aggraver. Une bonne hygiène de vie, de simples techniques de relaxation, des séances de psychothérapie ou encore une solution médicamenteuse, le choix vous appartient.

GRÂCE À DES INITIATIVES PERSONNELLES

Une bonne hygiène de vie

Ce n'est pas une surprise : l'hygiène de vie joue un rôle primordial dans la gestion de l'anxiété. Sommeil, alimentation, activité physique sont autant de paramètres quotidiens dont il faut prendre soin.

- **Le sommeil**. Essayez d'avoir un rythme de sommeil régulier. Se coucher et se lever le plus fréquemment possible aux mêmes heures augmente considérablement la forme psychique et physique. De même, offrez-vous des nuits suffisamment longues. D'après une étude réalisée par la National Sleep Foundation, un adulte aurait besoin d'environ sept à neuf heures de sommeil pour fonctionner convenablement (« How Much Sleep Do We Really Need? », in *National Sleep Foundation*). Soyez donc à l'écoute de vos besoins et respectez-les.

- **L'alimentation**. Notre corps est une machine merveilleuse, composée d'une multitude de composantes qu'il s'agit de nourrir de façon appropriée. Aucun moteur ne fonctionne correctement sans carburant de qualité. Protéines, glucides, vitamines, calcium, magnésium, fer, oméga-3, tous ces apports sont indispensables à notre bon fonctionnement. Si vous ne mangez pas certains aliments en quantité suffisante, vous pouvez véritablement dérégler votre organisme et en subir les conséquences : manque d'énergie, lourdeurs, douleurs articulaires… et anxiété. Si vous ne vous sentez pas capable d'adopter une alimentation saine et équilibrée, n'hésitez pas à consulter un nutritionniste qui pourra analyser vos habitudes alimentaires et les adapter au mieux. En outre, si cela semble évident, il est important de préciser que les excitants (caféine, théine, boissons énergisantes), l'alcool et les stupéfiants ne favorisent pas une gestion saine de l'anxiété. Si les symptômes semblent s'estomper dans un premier temps, la consommation de ce type de produits n'est qu'une solution temporaire et surtout illusoire.

> « J'ai eu de nombreuses crises d'angoisse et épisodes de stress qui provoquaient des insomnies. Puis, on m'a donné des conseils sur mon alimentation et j'ai augmenté ma consommation de magnésium, de vitamines B et D, et d'oméga-3. Cela a fait des miracles ! Plus de crises ni de stress aigu ! » (Aline, 35 ans)

- **L'exercice physique**. Qu'il s'agisse d'un moyen de garder sous contrôle votre anxiété, d'entretenir votre condition physique ou simplement de vous faire plaisir, pratiquer une activité physique régulière est toujours bénéfique pour la santé du corps et de l'esprit. Si vous avez tendance à être anxieux, le sport vous aidera à focaliser votre esprit sur une activité précise et à vous débarrasser des pensées parasites, mais il vous permettra aussi de dépenser votre énergie, et, par la même occasion, votre angoisse. En effet, durant une séance de sport, votre cerveau sécrète une substance analgésique, l'endorphine, dont les effets sont similaires à ceux de certains opiacés. Aussi connue sous l'appellation « hormone du plaisir » ou « hormone anti-stress », elle permet, lorsque l'activité est exercée à une intensité confortable et pendant une durée prolongée, de ressentir un sentiment d'euphorie, mais aussi d'apaisement physique et mental. Outre ce bienfait psychologique, le sport aura pour effet de renforcer et de purifier votre corps. Comme les Romains l'avaient déjà bien compris, l'équilibre de vie consiste en « un esprit sain dans un corps sain » (*Mens sana in corpore sano*).

Un bon soutien social

Vous connaissez tous cet état anxiogène où les pensées tourbillonnent inlassablement dans votre tête et ne vous laissent pas le moindre répit. Avant même de songer à le traiter, il est primordial d'apprendre à le reconnaître. En vous autorisant à parler de vos angoisses, vous parviendrez à mieux accepter leur présence et n'en ferez pas un secret honteux à propos duquel vous préférez vous voiler la face.

Si certaines personnes préfèrent gérer seules leur anxiété, pour d'autres un appui social sera nécessaire. Se confier à un proche permet d'abandonner ses problèmes, en tout cas de façon momentanée, et surtout de ne plus se sentir seul face à son désarroi. Puisque vos amis et votre famille vous connaissent bien, ils trouveront les mots pour vous apaiser, pour vous aider à prendre du recul et n'hésiteront pas à vous donner leurs opinions, même si elles peuvent vous heurter. Peut-être seriez-vous vous-même surpris de voir que vous n'êtes pas le seul à être pris dans l'étau de l'anxiété.

Du temps pour soi

Lorsque vous sentez poindre l'anxiété, vous déconnecter du monde et vous focaliser sur vos besoins propres peuvent vous aider à la maintenir sous contrôle. Ainsi, vous détournerez votre attention de ce qui vous obsède et qui provoque en vous ce sentiment d'angoisse. Si certains y voient là une fuite, mettre momentanément vos soucis dans un placard est une stratégie de gestion de l'anxiété particulièrement bénéfique. À quoi sert de s'obstiner à ruminer ses problèmes et à vouloir faire face à ce qui vous stresse si vous n'êtes pas en mesure de le faire sereinement ? Votre cerveau sera en alerte permanente et ne vous laissera pas l'occasion de réfléchir posément à une solution. Il est préférable de faire chaque chose en son temps : calmez d'abord votre état mental et puis seulement affrontez le problème.

Pour ce faire, l'idéal est de prendre du temps pour vous. Octroyez-vous un moment pour souffler, vous retrouver, faire une pause dans ce tourbillon quotidien et profiter d'un instant qui n'appartient qu'à vous. Même si vous semblez assailli de corvées, d'obligations professionnelles ou familiales, accordez-vous une heure ou même quelques minutes, en fonction du temps dont vous disposez, pour faire ce dont vous avez envie. Évitez toutefois d'user de votre smartphone, de votre tablette tactile ou de tout autre appareil électronique tard le soir, car des études ont démontré leurs effets néfastes sur la qualité du sommeil.

LA BOÎTE À IDÉES

Vous manquez d'idées ou vous êtes déjà trop anxieux pour parvenir à définir ce qui vous ferait du bien ? Gardez une boîte à idées sous la main dans laquelle vous glissez, lorsque vous y pensez, des bouts de papier contenant chacun une activité (« faire une grasse matinée sans complexe et sans culpabiliser », « si le temps le permet, aller lire sous un arbre », « chanter à tue-tête ma chanson préférée », etc.). Dès lors que vous vous octroierez du temps pour vous, vous pourrez y piocher l'une ou l'autre source d'inspiration. Essayez de varier la durée des activités afin qu'elles puissent s'intégrer dans votre emploi du temps.

GRÂCE À LA MÉDITATION

Considérée comme l'outil pratique par excellence pour apprendre à se libérer de son stress quotidien et à s'affranchir des pensées incessantes qui occupent notre esprit, la méditation trouve de plus en plus d'adeptes. S'il existe actuellement un nombre incalculable de types de méditation, quatre formes principales sont à distinguer, chacune possédant ses propres applications, bienfaits et exigences.

FAITES LE TEST !

Dans un endroit calme, fermez les yeux et essayez de vider votre esprit, de ne penser à rien. Mission impossible ? Vous êtes assailli par une multitude de pensées aussi bien banales (« J'ai faim », « Que vais-je préparer pour le dîner ? », « J'ai oublié de plier le linge », etc.) que plus sérieuses (« Suis-je heureuse ? », « Pourquoi mon patron ne me complimente-t-il jamais ? Vais-je être licencié ? », etc.) ? C'est normal ! Plus vous essayez de ne pas penser, plus vous êtes envahi par des réflexions et des pensées parasites. Un phénomène similaire se produit lorsqu'on vous dit de ne pas vous retourner ou de détourner les yeux de votre écran de télévision pour ne pas voir une image choquante ; vous êtes alors poussé par une force irrésistible et faites exactement ce qu'on vous dit de ne pas faire. L'esprit de contradiction par excellence !

La méditation Vipassana

Cette technique de méditation repose sur le principe de la respiration. Grâce à de simples exercices, le sujet parvient à améliorer sa concentration ainsi que son attention à travers un travail profond sur sa respiration. Lorsqu'on est anxieux, le souffle devient court, rapide et irrégulier. La méditation Vipassana peut s'avérer particulièrement utile pour parvenir à se calmer.

EXERCICE DE RESPIRATION ABDOMINALE

En position assise, en tailleur ou sur une chaise – l'important est d'être confortable –, posez les mains à plat sur votre abdomen et fermez les yeux. Inspirez profondément en vous concentrant sur le passage de l'air depuis votre nez jusqu'à votre ventre. À chaque inspiration, votre abdomen doit se gonfler, avant de se dégonfler au moment de l'expiration. Focalisez votre attention sur ce mouvement de va-et-vient et sur la sensation qui traverse votre corps à chaque respiration.

La respiration abdominale est idéale pour calmer stress et anxiété. En effet, lorsque nous faisons intervenir la cage thoracique dans notre respiration, nous envoyons un signal d'angoisse à notre cerveau, cette forme de respiration étant associée à l'instinct de survie et donc au danger. Le fait d'inspirer longuement et profondément va développer le diaphragme et permettre une respiration complète et apaisante.

La méditation transcendantale

La technique de la méditation transcendantale est simple, naturelle, sans effort, et se pratique à raison de deux séances d'une vingtaine de minutes par jour. Elle consiste en une relaxation profonde en utilisant des mantras.

La méditation Zen ou Zazen

Le mot « zen » signifie *méditation*, et le Zazen constitue la posture de méditation assise pratiquée dans le bouddhisme Zen. Cette méthode aide à méditer dans une posture assise afin d'éventuellement atteindre l'éveil. Il s'agit d'une pratique qui vise à vivre le monde tel qu'il est plutôt que selon une série de projections et d'attentes mentales. La méditation Zen implique l'expérience et la compréhension immédiate de toute chose car, grâce à l'observation pure de ce qui est, nous pouvons changer notre vision du monde et de la réalité.

Comme pour les exercices de méditation précédents, trouvez un endroit calme, asseyez-vous confortablement, fermez les yeux, sans effort. Et, dans cette position, vous allez simplement porter une très grande attention-concentration, successivement, à votre posture, à votre respiration, et à l'apparition-disparition de vos pensées.

La méditation de pleine conscience

L'objectif de cette méditation est de se concentrer sur l'instant présent, et donc de ressentir et de prendre conscience de l'ensemble de ses sensations durant cet instant. Ainsi, chaque fois que notre attention s'éloigne de son point de focalisation, il s'agit de la ramener au moment présent et sur ce qui se passe au niveau sensoriel. Une telle pratique vous permettra de diminuer votre tendance au jugement, de davantage apprécier ce que l'instant présent vous offre, de réduire votre tendance à ressasser le passé et à craindre le futur, et donc de diminuer votre anxiété de manière générale.

EXERCICE DU *BODY SCAN*

Installez-vous confortablement dans une pièce à l'abri de toute distraction et couchez-vous. Prenez tout doucement conscience de votre corps en vous concentrant sur chaque membre. Visualisez un flux d'air parcourant votre corps des pieds à la tête. Commencez par le bout de vos orteils et remontez lentement vers vos jambes, vos cuisses, votre abdomen, votre poitrine, vos bras, l'extrémité de vos doigts pour finir par le sommet de votre crâne. Débutez par quelques minutes de méditation, et augmentez la durée des séances au fur et à mesure que votre concentration s'intensifie.

La pleine conscience a l'avantage de pouvoir être pratiquée au quotidien. Le but est de parvenir, dans les actes de tous les jours, à être totalement dans l'instant présent et à se focaliser sur ce qu'on fait ici et maintenant. N'hésitez pas à essayer de pratiquer l'une ou l'autre activité en pleine conscience. Lorsque vous faites du sport, ne vous focalisez pas sur votre objectif final, sur les performances et les résultats que vous voulez atteindre, mais concentrez-vous sur votre souffle, ressentez chacun de vos mouvements, et restez ancré dans l'instant présent. L'exercice sera d'autant plus appréciable dans une pratique sportive solitaire comme la course à pied, la natation, le vélo, etc. Si vous partez vous balader en forêt ou dans un parc, focalisez votre attention sur l'air, les couleurs, les sons, etc. Cette marche méditative combinée à l'apaisement spontané que procure la nature vous aidera à vous libérer de votre anxiété et à vous ancrer dans le présent.

La méditation en mouvement

En parallèle de ces méditations traditionnelles qui relèvent principalement de l'exercice mental, il existe une forme de relaxation plus physique qui fait appel aussi bien à l'esprit qu'au corps et que l'on appelle la méditation en mouvement. C'est d'ailleurs là sa force. Ceux pour qui la méditation traditionnelle peut sembler difficile en raison de l'immobilité physique que la pratique exige, la relaxation à travers le corps représente une bonne alternative, puisque l'objectif est de développer un état de pleine conscience, certes, mais de le faire en mouvement et d'ainsi permettre à son corps de s'exprimer et de ne pas s'enfermer dans un statisme qui pourrait, pour certaines personnes anxieuses, aggraver la sensation de perte de contrôle. Si ces techniques deviennent de plus en plus populaires et se diversifient en fonction de la demande, trois pratiques principales sont à distinguer :

- **le yoga.** Le terme *yoga* vient d'une très ancienne racine sanskrite, qui signifie « lier, unir ». Tout l'enjeu du yoga est de tendre vers une unification de l'être humain entre son extériorité (son corps et son environnement) et son intériorité (sa psyché et son mental). Cependant, soyez très vigilant, le yoga est une discipline sérieuse et précise qui, si elle n'est pas pratiquée correctement, peut causer de sévères blessures. Ainsi, si vous désirez ardemment pratiquer le yoga en solitaire, il est conseillé d'aller suivre au préalable quelques cours au sein d'une école afin qu'un professeur de yoga puisse vous guider, vérifier et rectifier vos postures si nécessaire de sorte que vous ne développiez pas de mauvaises habitudes ;

- **le tai-chi.** D'origine chinoise, le tai-chi est dérivé des arts martiaux et consiste en la pratique d'un ensemble de mouvements continus, circulaires, réalisés avec précision et lenteur, le tout selon un ordre établi. Le pratiquant de tai-chi donne ainsi l'impression de se battre dans le vide, puisque ses mouvements impliquent une série de gestes martiaux, qui sont réalisés dans un but de gestion énergétique et non de combat ;
- **le qi-gong.** Également d'origine chinoise et consistant aussi en un entraînement énergétique, le qi-gong se distingue tout de même du tai-chi. En effet, cette pratique insiste davantage sur le *Qi*, qui signifie « énergie vitale » et qui constitue donc l'énergie présente en toute chose. Concrètement, le qi-gong se focalise sur le souffle et implique des pratiques de gymnastique douce (mouvements lents et postures d'étirement), de respiration, de méditation et de visualisation, du combat, etc., chacune étant issue de traditions diverses.

GRÂCE À UNE PRISE EN CHARGE PROFESSIONNELLE

Parce que, seul, vous vous sentez dépassé ou simplement parce qu'échanger avec une personne extérieure vous est particulièrement bénéfique, consulter un professionnel de la santé vous permettra d'entamer un travail de fond. Demander de l'aide n'est jamais une preuve de faiblesse. Au contraire : vous montrez par là votre détermination à aller mieux et à reprendre le contrôle de votre vie. Outre le recours à un psychothérapeute, il existe actuellement de nombreuses autres alternatives à la médecine traditionnelle qui peuvent, sinon vous guérir, vous aider à atténuer certains symptômes.

La psychothérapie

Il existe trois formes de thérapies qui peuvent aider à soigner l'anxiété : la thérapie cognitive, la thérapie comportementale et, l'association des deux, la thérapie cognitivo-comportementale. Les thérapies cognitives vont explorer nos schémas cognitifs, c'est-à-dire l'ensemble de nos habitudes mentales inscrites dans notre mémoire à long terme via nos expériences. Les thérapies comportementales vont, quant à elles, explorer le principe du conditionnement, c'est-à-dire nos réponses automatiques à tout stimulus. Enfin, les thérapies cognitivo-comportementales proposent un mélange de ces deux principes et fournissent au patient les outils adéquats pour contrôler les symptômes de l'anxiété, tout en étudiant les facteurs à l'origine de ce sentiment d'angoisse permanente.

La solution médicamenteuse

Parfois, lorsque la thérapie ne suffit pas, le passage à la médication peut s'avérer utile. Toutefois, le traitement médicamenteux doit toujours s'accompagner d'un traitement thérapeutique de fond qui veillera à mettre en lumière les causes de la pathologie et à proposer des solutions adaptées sur le long terme, car les médicaments n'auront pour seul effet que de soulager temporairement les symptômes d'anxiété. Se limiter à une cure médicamenteuse n'est donc certainement pas une solution en soi, mais peut représenter une aide ponctuelle, lorsque le besoin se fait pressant.

Deux types de médicaments sont le plus souvent prescrits par le médecin dans le traitement des troubles de l'anxiété : les anxiolytiques et les antidépresseurs. Si les premiers ont l'avantage d'agir rapidement sur les symptômes ressentis, les seconds, et plus particulièrement les ISRS (les inhibiteurs sélectifs de la recapture de la sérotonine) et les IRSN (les inhibiteurs de la recapture de la sérotonine et de la noradrénaline), semblent préférés par les spécialistes sur le moyen terme.

Les médecines douces

Parfois, lorsque la médecine traditionnelle ne parvient pas à soulager un individu, certaines approches alternatives peuvent s'avérer utiles. Une part de plus en plus importante de la population se dirige désormais vers des traitements plus naturels et moins invasifs pour soigner ses maux. Mais, si ces médecines sont à présent bien installées sur le marché, il reste primordial de conserver son esprit critique et de s'informer sur les praticiens reconnus dans votre région. Vous pouvez faire appel à :

- **l'homéopathie**. Cette technique est pratiquée mondialement et, pourtant, elle est encore fortement controversée et est régulièrement qualifiée de placebo. Elle implique le traitement des malades – et non de leur maladie – en leur administrant, à faible dose, une substance capable de produire les mêmes symptômes chez une personne en bonne santé, respectant par là le principe de similitude ;

LE SAVIEZ-VOUS ?

C'est le médecin allemand Hahnemann (1755-1843) qui est à l'origine de l'homéopathie. Au cours de ses recherches, celui-ci s'est en effet aperçu que le quinquina (arbre qui possède une écorce au goût amer) avait pour effet de calmer les fièvres chez un patient malade, alors qu'il les provoquait chez un patient sain. Ce principe dit de la similitude avait déjà été mis en lumière par Hippocrate (460-377 av. J.-C.), mais Hahnemann l'a repris à son compte.

- **la phytothérapie.** Il s'agit d'une méthode thérapeutique qui utilise l'action des plantes médicinales. Une série de plantes peuvent aider à réduire l'anxiété. Bien sûr cela ne sera pas un remède miracle et il s'agit principalement d'un traitement pour apaiser l'anxiété légère. Mais, dans tous les cas, ces remèdes naturels apporteront un mieux, que votre anxiété soit intense ou faible. Parmi les plantes vertueuses, en voici quelques-unes : l'aubépine, le millepertuis, la camomille, le tilleul, le houblon, la passiflore, la valériane, la lavande ou encore le safran. Renseignez-vous correctement quant à leurs effets, leurs usages, et leurs éventuelles contre-indications avant d'en ingérer ;

- **l'aromathérapie**. Cette pratique utilise des essences et des huiles essentielles pures extraites de plantes aromatiques pour leurs propriétés thérapeutiques. Chaque huile essentielle possède des vertus spécifiques ;

- **la sophrologie**. Parfois comparée à l'hypnose, la sophrologie est un doux mélange de relaxation, de méditation et d'autohypnose. Grâce à des exercices mentaux, respiratoires et à certains exercices corporels, le patient est amené à se concentrer de façon intense sur un besoin spécifique ;

- **l'acupuncture**. Issue de la médecine chinoise traditionnelle, l'acupuncture se pratique en piquant des aiguilles en différents points précis du corps du patient afin de soulager certaines douleurs, voire de soigner des maladies. L'acupuncture se veut souvent un complément aux autres pratiques médicales et ne prétend pas être capable de guérir des maladies graves ;

- **l'hypnose**. Cette pratique consiste en la reproduction d'un état naturel et spontané, l'état hypnotique. L'hypnose implique d'atteindre intentionnellement un état de conscience modifiée, c'est-à-dire un stade de conscience où les choses sont perçues différemment. L'hypnose permet principalement de soulager la douleur et les troubles anxieux ;

- **la kinésiologie**. Cette technique psycho-corporelle consiste principalement en l'usage de tests musculaires manuels à réaliser afin d'identifier un déséquilibre de l'organisme. La kinésiologie part donc du postulat que nos émotions et nos muscles sont étroitement liés. À ne pas confondre avec la kinésithérapie !

<u>**Ces types de traitements sont-ils pris en charge par la mutuelle ?**</u>

En France, la majorité des médecines dites alternatives ne sont pas prises en charge par la Sécurité sociale, mais il existe des exceptions, selon que le praticien choisi est conventionné ou non. À noter toutefois que seules l'acupuncture, l'homéopathie et l'ostéopathie peuvent être sujettes à remboursement, et uniquement si le médecin est conventionné (« Se faire rembourser les médecines douces », in *Le Figaro*, juin 2012, consulté le 4 janvier 2016).

COMMENT GARDER SON ANXIÉTÉ SOUS CONTRÔLE ?

Maintenant que vous disposez des outils adéquats pour améliorer votre gestion de l'anxiété au quotidien, comment allez-vous garder cet équilibre sur le long terme ? Ne vous croyez pas invincible, des rechutes sont inévitables. Vous vous sentirez parfois dépassé par une situation et vous ne parviendrez pas à contrôler votre angoisse ou à éviter les symptômes qui en découlent. Mais, tant que cela reste épisodique, il n'y a pas lieu de vous inquiéter.

DERNIERS CONSEILS

Essayez d'appliquer ces quelques conseils au quotidien et surtout, souvenez-vous du chemin parcouru et des bonnes habitudes que vous avez adoptées.

- Veillez à respecter un bon rythme de sommeil. Allez vous coucher et levez-vous à heures régulières.
- Maintenez une alimentation saine et équilibrée. Si nécessaire, consultez un nutritionniste qui vous aidera à établir un programme complet.
- Pratiquez une activité sportive régulière.
- Sortez prendre l'air et vous exposer à la lumière du jour dès que vous en avez l'occasion.
- Entourez-vous de personnes de confiance et n'hésitez pas à partager vos angoisses et vos soucis.
- Accordez-vous des moments de paix qui n'appartiennent qu'à vous. Prenez le temps de souffler.
- Quand vous sentez l'anxiété se manifester, inspirez et expirez lentement et profondément en vous concentrant sur votre respiration et son passage à travers votre corps.

- Ancrez-vous dans l'instant présent, soyez sensible et conscient de ce qui vous entoure.

- Initiez-vous à la méditation en mouvement en vous inscrivant à un cours de yoga ou de tai-chi, par exemple.

- Consultez un spécialiste de la santé mentale qui pourra vous aider à vous décharger du poids de l'anxiété.

FAQ

JE SUIS CONSTAMMENT INQUIET ET STRESSÉ AU QUOTIDIEN. TOUT M'ANGOISSE ET, PARFOIS, CELA ME PARALYSE. EST-CE NORMAL ?

Il existe différents types d'anxiété. Il y a l'anxiété de type « stress », qui est un phénomène tout à fait courant, normal et anodin. Pas de quoi s'inquiéter, cela arrive à tout le monde : un enjeu professionnel, un conflit relationnel, des embouteillages qui vous mettent en retard, et voici que vous êtes plus à cran que d'habitude ; mais il n'y a là rien de bien alarmant, rassurez-vous.

À côté de cela, il existe des types d'anxiété plus conséquents, qui peuvent nous handicaper. En effet, lorsqu'une anxiété devient chronique et particulièrement intense, elle finit par empiéter sur notre équilibre, notre santé et nos comportements au quotidien. Il s'agit dès lors d'en prendre conscience et d'agir pour éviter que cette anxiété ne prenne le dessus. Ainsi, le trouble anxieux généralisé (TAG) est reconnu par les spécialistes de la santé comme un trouble en tant que tel et s'exprime par une inquiétude constante et exagérée par rapport à l'événement du quotidien auquel il répond. Dans ce cas, il est important d'agir car nous sortons du cadre d'un simple stress courant et sans conséquences.

SI JE SUIS D'UN NATUREL ANXIEUX, PUIS-JE VRAIMENT Y FAIRE QUELQUE CHOSE, ALORS QUE C'EST DANS MON TEMPÉRAMENT ?

Bien sûr que vous pouvez y faire quelque chose ! Face à la nature, il est vrai que nous ne sommes pas tous nés avec les mêmes aptitudes, et peut-être que vous avez une tendance plus forte que d'autres à être anxieux. Mais cela ne veut en aucun cas dire qu'il vous faut être fataliste et ne rien pour que cela change !

Prenez en compte vos forces et vos faiblesses et mettez en place des initiatives qui vous aideront à combattre le mal, tout en respectant votre nature. Vous préférez d'abord explorer cela seul chez vous ? Pas de problème ! Décider de prendre soin de vous constitue déjà un bon point de départ : vous permettre une longue nuit de sommeil ; vous offrir une soirée détente bien au chaud avec un bon roman et une tisane ; vous préparer un plat sain et savoureux ; vous accorder quelques minutes de méditation. Vous préférez bouger et explorer cela en extérieur ? Inscrivez-vous à un club de sport, à un cours de yoga ou de qi-gong ! Enfin, si vous préférez l'accompagnement d'un professionnel, n'hésitez pas à pousser la porte d'un psychothéra-peute ou de tout autre professionnel du bien-être. Un monde de possibilités s'offre à vous pour vous libérer de vos anxiétés, alors foncez !

LORSQUE JE SUIS PRIS D'UNE SOUDAINE CRISE D'ANGOISSE, QUE PUIS-JE FAIRE POUR ME CALMER ?

Trois techniques peuvent être appliquées en cas de crise d'angoisse :

- **concentrez-vous sur votre respiration.** Prenez de grandes et pro-fondes respirations que, petit à petit, vous allez essayer de ralentir. Sortez ou, à défaut, ouvrez grand les fenêtres et prenez cinq grandes et très lentes respirations. Concentrez-vous sur la sensation de l'air frais qui, en pénétrant dans votre corps, le calme, le « refroidit » ;
- **scannez mentalement votre corps, zone après zone.** Prenez conscience de votre corps et de chaque partie qui le constitue. Faites un *body scan*, depuis le bas de votre corps vers le haut.

Partez des orteils et, très lentement, remontez jusqu'au sommet de votre crâne, étape par étape, en conscientisant et en ressentant chaque partie de votre corps ;

- **focalisez vos sens sur l'environnement qui vous entoure.** Concentrez-vous successivement sur vos sens. Quels sons entendez-vous ? Quelles odeurs sentez-vous ? Quelle est la température de l'air sur votre peau ? Quels sont les points de contact entre votre corps et ce qui l'entoure (vêtements, tissus, chaise, sol, etc.) ? Cela vous permettra de fixer votre attention sur quelque chose et vous éloignera de votre anxiété.

MON CONJOINT EST QUELQU'UN D'ANXIEUX, QUE PUIS-JE FAIRE POUR L'AIDER ?

Lorsque l'anxiété nous submerge, cela nous atteint dans l'intégralité de notre quotidien, mais cela peut aussi bien souvent atteindre notre entourage. Il est généralement difficile de limiter les conséquences négatives de notre trouble sur nos proches. Et d'ailleurs, les proches d'une personne anxieuse peuvent l'aider à surmonter ces angoisses. Que ce soit votre conjoint, votre enfant, un autre membre de la famille ou encore un ami qui est atteint d'anxiété, vous pouvez l'aider à aller mieux.

- Tout d'abord, il est très important d'offrir un soutien à la personne anxieuse, mais il est encore plus important et nettement plus difficile d'offrir le soutien adéquat. En effet, certaines formes d'aide peuvent être perçues comme non constructives par la personne souffrant d'anxiété. Par exemple, si vous modifiez vos comportements pour éviter absolument que votre conjoint soit confronté aux sources de son anxiété, cela s'avérera peu efficace sur le long terme. Vous ne lui permettrez en effet pas d'avancer, d'évoluer, car vous le surprotégerez. Cela pourrait même le handicaper puisque, involontairement, vos comportements réduiront sa liberté et son indépendance. Ainsi, si votre conjoint est anxieux à l'idée de conduire, prendre sa place au volant dès que vous êtes ensemble dans la voiture n'est pas une bonne idée pour une évolution sur le long terme, car vous renforcez son processus d'évitement. Malgré tout, il ne s'agit pas de faire preuve de militarisme et d'absence d'empathie pour autant ! Alimenter les processus d'évitement n'est pas une bonne idée, mais faire preuve d'écoute, de patience et de tolérance constitue un soutien nécessaire. Montrez à votre conjoint anxieux que vous le comprenez et que vous le respectez. Ayez une communication douce et soyez à l'écoute. Créez le dialogue et soulignez les progrès de la personne anxieuse plutôt que ses difficultés.

- Ensuite, il est important de ne pas vous focalisez uniquement sur son anxiété. Parlez-lui d'autres choses. Ne faites pas une montagne de son anxiété en n'ayant plus que ça à la bouche ! Mais amenez-le à relativiser, à s'ouvrir à d'autres domaines de la vie et de sa personnalité. Il parviendra ainsi à se percevoir autrement que comme quelqu'un d'anxieux.

- Enfin, encouragez-le à demander de l'aide et proposez-lui de l'accompagner dans cette démarche s'il le désire. Dites-lui, par exemple, que l'accompagner à l'une ou l'autre séance chez un thérapeute serait pour vous aussi l'occasion d'apprendre et de davantage comprendre ce qui l'affecte et comment vous pouvez agir pour l'aider. Et si vous ressentez que vous-même avez besoin d'assistance pour venir en aide à votre conjoint, n'hésitez pas à consulter un spécialiste ou à rencontrer des personnes qui elles aussi connaissent une personne anxieuse dans leur entourage.

POUR ALLER PLUS LOIN

SOURCES BIBLIOGRAPHIQUES

* American psychiatric association, *DSM-5. Manuel diagnostique et statistique des troubles mentaux*, Paris, Masson, 2015.
* André (Christophe) et Muzo, *Je dépasse mes peurs et mes angoisses*, Paris, Points, 2010.
* Berghmans (Claude), *Soigner par la méditation*, Paris, Masson, 2010.
* Besançon (Guy), *Manuel de psychopathologie – Anxiété, dépression et psychopathologie du corps*, Paris, Dunod, 1993.
* Bexton (Brian), « Le trouble d'anxiété généralisée », in *Revivre*, consulté le 17 novembre 2015.
  http://www.revivre.org/troubles-anxieux.php
* Cabut (Sandrine), « Psychiatrie : DSM-5, le manuel qui rend fou », in *Le Monde*, 2013, consulté le 12 novembre 2015.
  http://www.lemonde.fr/sciences/article/2013/05/13/dsm-5-le-manuel-qui-rend-fou_3176452_1650684.html
* « Échelle d'Hamilton d'évaluation de l'anxiété », in *Sommeil-mg*, consulté le 13 novembre 2015.
  http://www.sommeil-mg.net/spip/spip.php?article302
* Haute autorité de santé, *La prise en charge de votre trouble anxieux*, Guide « Affection de longue durée » n° 23, octobre 2007, consulté le 11 novembre 2015.
  http://www.has-sante.fr/portail/
* National Sleep Foundation, « How Much Sleep Do We Really Need? », in *National Sleep Foundation*, consulté le 29 décembre 2015.
  https://sleepfoundation.org/how-sleep-works/how-much-sleep-do-we-really-need

- Portail du site « Anxiété », consulté le 16 novembre 2015.
  http://www.anxiete.fr/
- Servant (Dominique), *Soigner le stress et l'anxiété par soi-même*, Paris, Odile Jacob, 2003.

SOURCES COMPLÉMENTAIRES

- Angel (Sylvie et Pierre), *Bien choisir sa psychothérapie*, Larousse, 2010.
- Braconnier (Alain), *Petit ou grand anxieux ?*, Paris, Odile Jacob, 2004.
- David (Michel) et Jeremie (Jocelyne), *Guide de l'aide psychologique de l'enfant, de la naissance à l'adolescence*, Paris, Odile Jacob, 1999.
- Kabat-Zinn (Jon), *Au cœur de la tourmente, la pleine conscience*, Bruxelles, De Boeck, 2009.
- Petit Bambou, Application Smartphone.
  https://www.petitbambou.com/
- Trickett (Shirley), *Comment se débarrasser de l'anxiété et de la dépression ?*, Paris, Leduc.S Éditions, 2013.
- « Vidéos de nature pour la relaxation : 3 exemples choisis », in *Psychomedia*, consulté le 15 novembre 2015.
  http://www.psychomedia.qc.ca/psychologie/2015-10-30/videos-youtube-relaxation-nature
- Wayne (Peter) et Fuerst (Mark), *Taï Chi. La méditation en mouvement*, Paris, Belfond, 2014.

Éditeur responsable : Lemaitre Publishing
Avenue de la Couronne 382 | B-1050 Bruxelles
info@lemaitre-editions.com

ISBN ebook : 978-2-8062-7614-8
ISBN papier : 978-2-8062-7615-5
Dépôt légal : D/2016/12603/44
Photo de couverture : © BillionPhotos.com – Fotolia.com.